Etablierung eines innovativen Geschäftsmodells in einem neuen Markt. Testing und Businessplan

Candy Konz

Bibliografische Information der Deutschen Nationalbibliothek:

Die Deutsche Nationalbibliothek verzeichnet diese Publikation in der Deutschen Nationalbibliografie; detaillierte bibliografische Daten sind im Internet über http://dnb.d-nb.de abrufbar.

ISBN: 9783346698902
Dieses Buch ist auch als E-Book erhältlich.

Druck und Bindung: Books on Demand GmbH, Norderstedt Germany
Gedruckt auf säurefreiem Papier aus verantwortungsvollen Quellen

Das vorliegende Werk wurde sorgfältig erarbeitet. Dennoch übernehmen Autoren und Verlag für die Richtigkeit von Angaben, Hinweisen, Links und Ratschlägen sowie eventuelle Druckfehler keine Haftung.

Das Buch bei GRIN: https://www.grin.com/document/1257671

Deutsche Hochschule für

Prävention und Gesundheitsmanagement

Hermann Neuberger Sportschule 3

66123 Saarbrücken

Einsendeaufgabe

Fachmodul: Unternehmertum

Studiengang: MMPG

Datum
Präsenzphase: 25.11. – 27.11 2019

Name, Vorname: Konz, Candy

Studienort: **München**

Semester: **SS2017**

Inhaltsverzeichnis

1 Vorstellung des gegenwärtigen Unternehmens

Bei dem in der Fitnessbranche angesiedelten Unternehmen (XX) handelt es sich um ein Personaltrainingsstudio aus XXX nahe der Innenstadt. Dieses wurde im April 2013 eröffnet. Mit einer Gesamtfläche von ca. 200qm und einer Trainingsfläche von ca. 120qm zählt es zu den sog. Microstudios (Dierig, 2018). Die Angebote umfassen in erster Linie Dienstleistungen in Form von betreutem Training, dass in Kleingruppen (max. 5 Personen) oder in Einzeltrainings durchgeführt wird. Hierbei wird auf die individuellen Anforderungen der Teilnehmer eingegangen, um ein adäquates Workout und maximalen Trainingserfolg zu gewährleisten. Die Trainingsmethodik orientiert sich nahezu ausschließlich an Funktionellem Krafttraining. Diese Art des Trainings befasst sich mit der Ganzheitlichkeit des Bewegungsapparates und dessen Funktionen der Gelenksübergreifenden Muskelverbindungen bei Kraftübungen (Boyle, 2017). Große und platzeinnehmende Kraftmaschinen wie bspw. Brustpresse, Beinpresse usw. werden hierbei nicht benötigt. Es wird überwiegend mit dem eigenen Körpergewicht und Hilfsmitteln trainiert, welche eine Intensitätssteuerung herbeiführen.

Die Belegschaft beläuft sich inkl. des Inhabers, der im Alltagsgeschäft voll integriert ist, auf fünf Trainer. Diese setzen sich aus einem Studenten, einer Teilzeitkraft und zwei Freiberuflern zusammen. Der Durchschnittpreis pro Stunde beträgt, je nach Vertragsart 100,- (inkl. MwSt). Neben dem individuellen Training werden 2 x Woche Krankenkassen bezuschusste Präventionskurse durchgeführt.

Das Unternehmen tritt zusätzlich als BGF – Dienstleister für Krankenkassen in verschiedenen Firmen in Erscheinung. Es werden Gesundheitstage, Checkups, Bewegungsprogramme und Workshops realisiert. Die Themen Bewegungsmangel, Fehlernährung, Erkennen von Dysbalancen und der generelle Präventionsgedanke stehen hierbei im Vordergrund.

Neben der reinen Dienstleistung bietet das Unternehmen eigen gelabeltes Trainingsequipment zum Verkauf an. Diese Trainingstools sind fester Bestandteil der jeweiligen sportlichen Inhalte. Das Repertoire umfasst Faszienrollen und Bälle, Tubes, Gummibänder und Trainingsmatten. Ein Vertriebssystem besteht nicht. Die Artikel werden aktuell nur den Mitgliedern, Kursteilnehmern und Mitarbeitern der betreuten Firmen angeboten.

2 Idee und Geschäftsmodell

2.1.1 Die unternehmerische Gelegenheit

Die Idee des ursprünglichen Trainingstools entstand aus dem persönlichen Training des Inhabers. Bei vielen Übungen bedurfte es für ihn als fortgeschrittener Sportler einer höheren Belastungsintensität. Bestrebt einen höheren Trainingswiderstand zu erzeugen, jedoch dem Prinzip der Körpergewichtsübungen bzw. funktionellen Krafttraining treuzubleiben, improvisierte er ein Gurtsystem aus vorhandenen Gurten und Schlaufen. Hierbei entstand die Idee diesen Gedanken weiter zu verfolgen. Nach eingehender Recherche auf einschlägigen Internetseiten, Onlinehändler, Foren, Blogs und speziellen Gruppen (Facebook, Instagram, usw.) kam er zu der Erkenntnis, dass es nichts dergleichen gab. Nach weiteren Gesprächen mit dem Personal wurde diese Idee jedoch verändert. Aufgrund einer evtl. zu geringen Zielgruppe und damit einhergehenden Abnahmemenge wurde die Idee des Multifunktionsgurts ins Leben gerufen. Als Grundlage diente die Idee, welche Probleme es mit den aktuellen am Markt erhältlichen Produkten gab. Es wurde Wert auf Handhabung, Einsatzmöglichkeiten und die Zielgruppe gelegt. Es entstand eine Variation der ursprünglichen Idee. Ein spezieller Hüftgurt soll als Ankerpunkt für Widerstandbänder dienen, mit dem die Extremitäten isoliert oder im geschlossenen System trainiert werden. Der Fortgeschrittene kann dieses System dennoch als Erschwernis für Körpergewichtsübungen mit einbinden. Die Idee des GravityBelt© entstand (s.Abb.1).

Abbildung 1: Serviettenskizze - GravityBelt© (eigene Darstellung)

2.1.2 Business Model Canvas

Key Partners

Hersteller für:
- Nylongurte
- Plastikkarabiner
- Tubes
- Fuss- und Handschlaufen

Key Activities
- Qualitätskontrolle
- Marketing
- Schulungen / Workshops

Key Resources
- Örtliche Näherei
- Schulungsraum
- Druckerei (Copyshop)
- Lagerraum
- Qualifizierte Trainer

Value Proposition
- Training für jede Alters-/ Leistungsstufe
- Training daheim
- Leicht und handlich
- leichte Anwendung für alle Extremitäten geeignet
- Schulungsangebot für Trainer / Therapeuten

Customer Relationships
- Persönliche Beratung
- Vor - Ort - Schulung
- Übungskatalog

Channels
- Eigene Homepage
- Soziale Medien
- Eigenes Studio
- Firmen (BGF)
- Krankenkassen (BGF)
- Messen (FIBO, ISO etc.)

Customer Segments
- Freizeitsportler
- Rentner
- Alten-/ Pflegeheime
- Firmen (Anschaffung für Arbeitnehmer)
- Personen die gerne daheim trainieren
- Online
- Sportartikelhändler
- Trainer
- Sportvereine

Cost Structure
- Produktionskosten
- Lagerkosten
- Marketing und Vertriebskosten (Online-Shop)
- Miet- und Raumkosten
- Druckkosten- /Produktionskosten
- Personalkosten

Revenue Streams
- Verkauf
- Schulungsangebote
- Fortbildungen

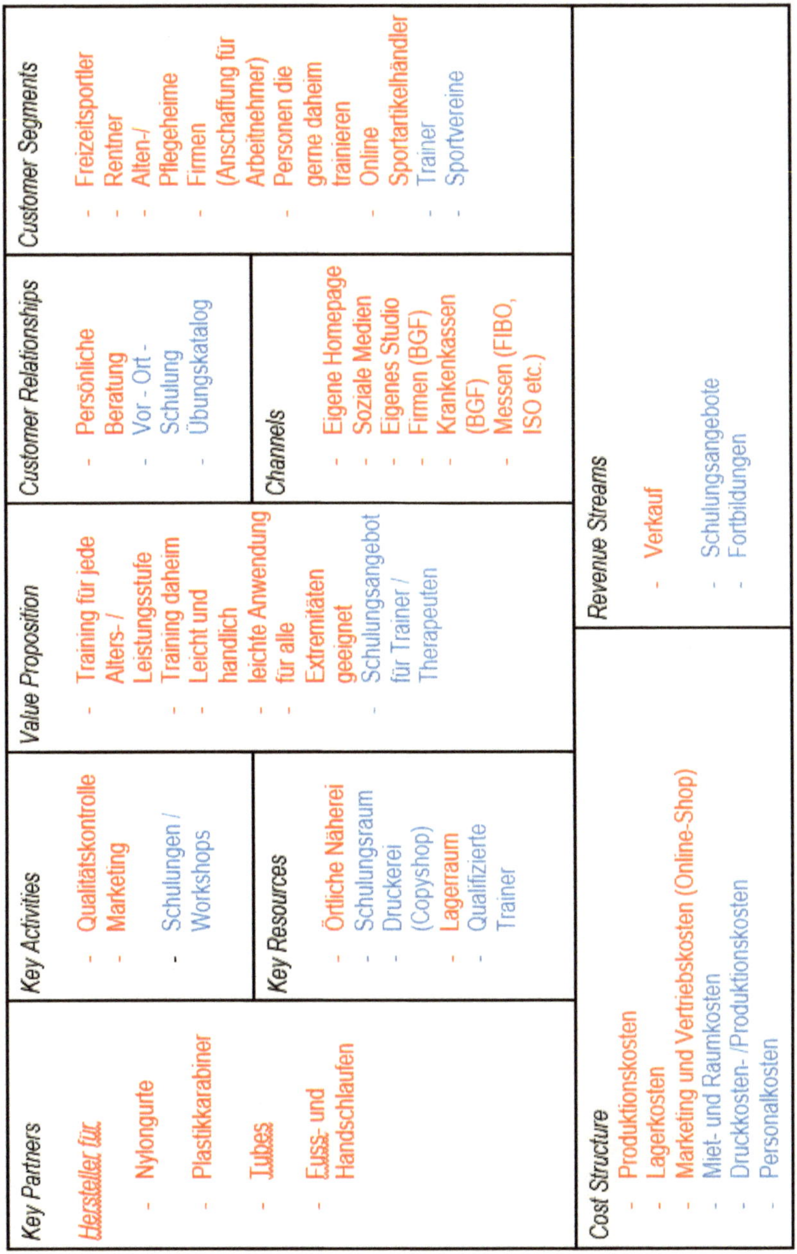

Abbildung 2: Business Model Canvas - GravityBelt© (eigene Darstellung)

2.1.3 Value Proposition Canvas

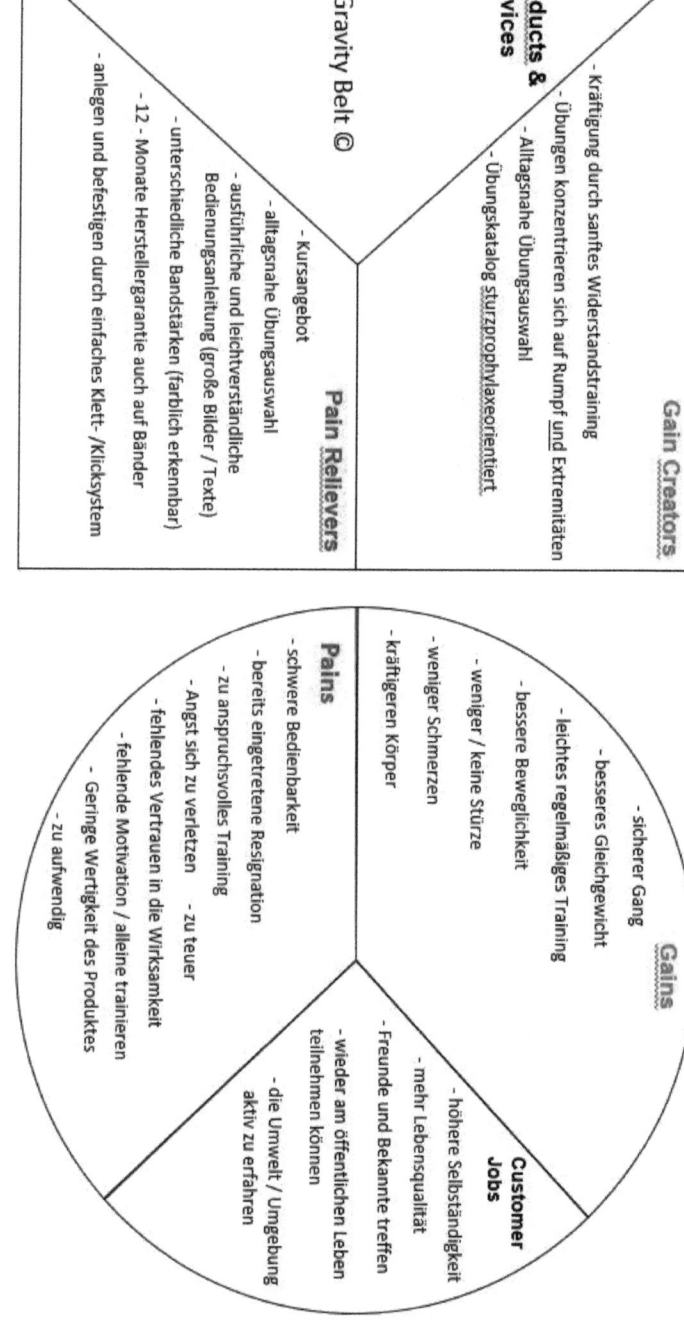

Abbildung 3: Value Proposition Canvas – GravityBelt® (Kundensegment: ältere Menschen mit Gehbeschwerden)

2.1.4 Die Story (Origin)

Der Studioinhaber des XX startete seine Laufbahn vor 15 Jahren, wie viele in der Fitnessbranche tätigen Unternehmer, als Trainer in einem konventionellen Fitnessstudio. Die klassischen Angebote umfassten Trainingsfläche mit Groß- und Kleingeräten, Kurse und Sauna. Im Laufe der Zeit und mit zunehmender Erfahrung erkannte Herr Konz, dass die Wirksamkeit der geführten Übungen an Geräten nicht den notwenigen Anforderungen eines ganzheitlichen Trainings entsprach und entschied sich 2010, mit Beendigung seines Studiums zu Fitnessökonom ein eigenes Trainingskonzept auf die Beine zu stellen. Das bis dato noch recht unbekannte funktionelle Krafttraining umfasst alle motorischen Fähigkeiten Koordination, Beweglichkeit, Kraft, Ausdauer und Schnelligkeit. Durch weitere Fortbildungen und Lizenzen konnte er schließlich von seitens der zentralen Prüfstelle für Prävention krankenkassenbezuschusste Kurse nach §20 SGB V anbieten.

Diese Zertifizierung eröffnete ihm den Weg auf eine neue Kundengruppe zuzugreifen. Nunmehr waren seine Kunden neben gesunden und fitten Menschen zugleich Personen mit erheblichen körperlichen Einschränkungen. In diesem Zuge wurde er von einem Verein für Krebsnachsorge und Alten-/ Pflegeheimen eingeladen Workshops zum Thema Trittsicher und Sturzprävention durchzuführen.

Bei diesen Gelegenheiten entstanden intensive Gespräche mit der Erkenntnis, dass die Angst der älteren Menschen hauptsächlich in der Sturzangst und der damit verbundenen Einschränkungen im Alltag besteht. Im Laufe weiterer Gespräche und Kurse wurde der zweite Bedarf deutlich. Der Mangel an Trainingsequipment, das speziell die Muskelketten beim Stehen bzw. Gehen beansprucht. Darüber hinaus ist das Arbeiten mit losen Gummibändern, wie bspw. Theraband©, aufgrund der fehlenden Befestigungsmöglichkeiten am Körper und fehlenden Griffen mühselig und unzureichend. Ältere Menschen haben oftmals Greifprobleme. Arthrose, Arthritis oder Rheuma erschweren das enge Schließen und somit Greifen der dünnen Bänder. Die Intensitätssteuerung ist zwar mittels Bandlänge sowie unterschiedlicher Farben möglich, jedoch schleichen sich beim erneuten Greifen des Bandes hinsichtlich der Längendifferenz oft Unterschiede ein. Der mögliche Effekt ist ein anderer Zugwiderstand als bei der Übung zuvor.

Angesichts des demographischen Wandels ist das angestrebte Kundensegment in seiner Bandbreite enorm hoch. Nicht nur der Endverbraucher wie z.B. ältere Menschen können den GravityBelt© nutzen, sondern andere Trainer mit ihren Kunden. Zugleich kann jeder ambitionierte Sportler den GravityBelt© zur Intensitätssteigerung in fast alle freien Übungen mit einbinden. Der Absatzmarkt erstreckt sich somit vom Endverbraucher, über spezielle Institutionen (Vereine, Pflegeheime) bis hin zu Firmen die den Mitarbeitern zum Thema Betriebliche Gesundheitsförderung unterstützen wollen.

Angestellte und Therapeuten in Alten- und Pflegeheimen können dieses Tool in ihre Therapien einbauen. Vereine bieten oftmals besondere Bewegungsmöglichkeiten und Kurse für das ältere Semester an. In diesem Fall treten die Vereine als separater Kunde in Erscheinung.

2.2 Testing

2.2.1 „Killer" des Geschäftsmodells

Der einflussreichste Faktor stellt die mangelnde Recherche bzw. Fehlinterpretation der Nachfragequote da. Um ein innovatives Produkt zu entwickeln, auf dem Markt einzuführen und zu etablieren bedarf es einem gewissen „Brennen" für diese Idee. Ist die eigene Überzeugung für das Produkt jedoch zu groß, kann eine gewisse Ignoranz gegenüber Zahlen, Daten und Fakten entstehen. In diesem Fall könnten bloße Interessensbekundungen oder positive Kritik am Produkt als direkte Kaufentscheidung oder Nachfrage missinterpretiert werden. Für den Killer des Gravity Belts© kann dies folgendes bedeuten:

Ausgebildete Trainer und Sportler wissen um die Wichtigkeit eines gesamtheitlichen Trainings. Ebenfalls ist der ambitionierte Sportler immer daran interessiert seine Leistung zu steigern und sucht nach neuen Reizen. Mit der Entwicklung bzw. Nutzung dieses Tools werden seine „Wünsche" in fachlicher und persönlicher Hinsicht erfüllt. Diese Begeisterung und Erkenntnis über die Vielseitigkeit können die Objektivität bzw. das kritische Hinterfragen in den Hintergrund rücken lassen.

In Folge dessen, können positive Rückmeldungen über das Produkt seitens der Interessensgruppen als direktes Kaufinteresse verstanden werden. Im schlimmsten Fall wird die eigene Einschätzung sogar über die Kritik und fehlendes Interesse gesetzt und gänzlich ignoriert, da der Produzent der Meinung ist, dass Produkt setze sich nach erkannter Wirkung dennoch durch.

2.2.2 Test des Geschäftsmodell

Tabelle 1: Test Card GravityBelt© BMC (eigene Darstellung)

Wir glauben, dass unser Produkt einen hohen Qualitätsstandart erfüllt. Um dies zu verifizieren, werden wir dieses Produkt ausgewählten Testern zwei Monate zur Verfügung stellen. Und messen wieviel Produkte nach der Nutzungszeit Mängel oder Schäden aufweisen.
Wir liegen richtig, wenn max. 10% der Produkte Schäden oder Mängel aufweisen. (50 ausgegebene Produkte / max. 5 Beanstandungen)
Wir glauben, an eine hohe Akzeptanz seitens der Krankenkassen.
Um dies zu verifizieren, werden wir den entsprechenden Kurs bei der zentralen Prüfstelle für Prävention nach §20 SGV zertifizieren lassen.
Und messen ob der Kurs zertifiziert wird.
Wir liegen richtig, wenn der Kurs zertifiziert wird.

Tabelle 2: Test Card GravityBelt© VPC (eigene Darstellung)

Wir glauben, dass unser Produkt von älteren Menschen einfach gehandhabt werden kann.
Um dies zu verifizieren, werden wir spezielle Kurse (mit diesem Produkt) für ältere Menschen durchführen.
Und messen (Fragebogen) und beobachten (visuelle Einschätzung) wie die älteren Menschen mit der Handhabung zurecht kommen
Wir liegen richtig, wenn 85% der älteren Menschen einen Wert von >/= 4 (1= sehr schwere Nutzung – 6 sehr einfache Nutzung) gewählt haben. (50 Personen gesamt / ~ 43 Personen als Untergrenze)
Wir glauben, dass wir ältere Menschen bei der Sturzprophylaxe unterstützen können
Um dies zu verifizieren, werden wir spezielle Kurse (mit diesem Produkt) für ältere Menschen durchführen.
Und messen über eine Pre-/ Postbefragung die Veränderung der Sturzhäufigkeit
Wir liegen richtig, wenn die Sturzhäufigkeit um min. 20% Prozent zurück gegangen sind.

2.3 Businessplan - GravityBelt©

2.3.1 Markt- und Wettbewerbsbetrachtung

Das neue Trainingstool wird dem Sportartikelmarkt, insbesondere des Kleingerätemarktes zu geordnet. Dieses Segment wird zusätzlich zielgruppenspezifisch unterteilt. Im Rahmen der Fragestellung werden die Hauptzielgruppen aufgeführt.

a) **Zielgruppe 1**
- Ambitionierte Freizeitsportler
- 18 bis 45 Jahre alt
- Ziel: Leistungssteigerung, max. Trainingserfolg
- Tendenz zu freien und funktionellen Übungen (nicht der Großgerätetyp)
- Training mit eigenem Körpergewicht
- nicht zwingend der typische Studiogänger -/„Pumper"
- (optional) Training in den eigenen vier Wänden
- (optional) Personen mit wenig Zeit

b) **Zielgruppe 2**
- Personen mit Bewegungseinschränkungen
- Alter 50+
- Ziel: Erhalt bzw. Wiedererlangen der Bewegungsfunktionalität
- Training unter Beaufsichtigung / in Gesellschaft (Kurse, Sportvereine, Sportgruppen)
- nicht der typische Studiogänger
- (optional) Training in den eigenen vier Wänden bzw. in Gruppen

Im Folgenden werden die Kräfte der Lieferantenmacht, die Bedrohung neuer potentieller Mitbewerber, die Kundenverhandlungsmacht, die Gefahr durch Substitutionsgüter und die Rivalität der Wettbewerber betrachtet.

<u>a) Branchenwettbewerb</u>
Die Rivalität innerhalb des Marktes ist, produktbezogen, als gering bis mittel einzustufen. Zum derzeitigen Stand bietet kein Unternehmen für die betreffende Zielgruppe solch ein Produkt an. Daher besteht bei aktueller Marktlage anfänglich ein Alleinstellungsmerkmal. Es existieren zwar viele kleine Anbieter die Tubes, Bänder und Gurtsys-

teme anbieten, diese sind jedoch nicht kombinierbar oder nicht in einer professionellen Art und Weise gleichzeitig nutzbar. Die Austrittsbarriere ist als mittel zu bewerten. Der Investitionsaufwand ist nominell betrachtet vergleichsweise gering, jedoch in Relation zum Unternehmensbudget höher. Allerdings werden die bereits gefertigten Produkte bei einem Misserfolg über einen vergünstigten Abverkauf veräußert oder zumindest für studiointerne Kurse weiterhin genutzt. Das Marktwachstum wird bezogen auf die Demographie[1] und die kontinuierlich steigenden Zahlen der Fitnessstudiomitgliedschaften bzw. Fitnessstudios [2] als hoch bewertet.

b) Verhandlungsmacht der Lieferanten

Aufgrund der Vielzahl von Anbietern für Meterware von Polypropylen, Plastikschließsysteme und Metallösen ist die Gefahr einer Preiserhöhung für diesen Bestandteil des GravityBelt© sehr gering. Diese Bewertung betrifft zusätzlich die Möglichkeit der Vorwärtsintegration. Diese Unternehmen sind speziell auf ihre Produkte und dazugehörigen Massen ausgelegt und beliefern in erster Linie Produktionsbetriebe und keine Endverbraucher. Die Komponente Tubes (inkl. Plastikkarabiner, Griff- und Fußschlaufe) ist kritischer zu betrachten. Diese werden nicht in Eigenproduktion hergestellt, sondern direkt als Fertigprodukt bezogen. Die Anbieteranzahl in diesem Segment ist nicht so ausgeprägt, dass die Verhandlungsmacht stärker ausfällt. Das Gleiche betrifft die relativ hohe Gefahr der Vorwärtsintegration. Im Speziellen die Hersteller bzw. Lieferanten der Fußschlaufen und Handgriffe verarbeiten von Haus aus die gleichen Grundmaterialien und könnten einen selbst entworfenen Brust- und Hüftgurt produzieren.

c) Bedrohung durch Konkurrenten

Dieser Aspekt des Five Porter Modells wirkt sich am stärksten auf die gesamte Innovationsidee aus. Die Markteintrittsbarrieren für bereits am Markt ansässige und etablierte Hersteller bzw. Vertriebe für ähnliche Produkte sind sehr gering. Im Umkehrschluss bedeutet das für die eigene Unternehmung eine hohe Gefahr. Diese Unternehmen verfügen bereits über bestehende Vertriebskanäle, einen Kundenstamm und benötigen geringere Investitionskosten. Aufgrund der Verbindung zu Lieferanten und Produktdifferenzierung (bspw. Polypropylen) kann eine höhere Menge an Produktionsgütern bezogen und ein günstigeres Endprodukt anboten werden.

---

[1] www.bpb.de
[2] www.Handelsblatt.de

d) Verhandlungsmacht der Abnehmer

Die Verhandlungsmacht der Kunden ist zum aktuellen Zeitpunkt noch gering. Kein Produkt am Markt bietet diese Funktionsvielfalt und besticht demnach durch einen hohen Differenzierungsgrad des Produktes. Zur Serviceverbesserung besteht auf die strapaziertesten Teile (Verbindung Tube und Karabiner) eine 12 – monatige Garantie. Für die Zielgruppe, die einen Fortschritt in ihrer körperlichen Leistungsfähigkeit erreichen möchte ‚weißt dieses Produkt eine hohe Relevanz auf.

e) Gefahr durch Substitutionsgüter

Als Substitutionsgüter stehen in gewisser Weise sämtliche Trainingstools wie Expander, Suberbands oder Tubes in Konkurrenz. Der Unterschied liegt jedoch in der bisher erwähnten Nutzungsvariabilität. Die genannten Tools müssen entweder an externen Punkten fixiert werden, haben keine passenden Griffe oder Fußschlaufen oder eine eingeschränkte Funktion. Um eine annähernd ähnliche Funktion zu erhalten, müssen verschiedene Bezugsquellen / Lieferanten gewählt werden, jedoch werden die Vorteile des „geschlossenen" Systems" nicht erreicht. Der Preis dieser Güter ist im Einzelnen niedriger, in Summe jedoch höher, da u.a. für jede Bestellung Porto anfallen kann. Des Weiteren muss ein erheblicher Mehraufwand für das Zusammenstellen der Produkte betrieben werden.

2.3.2   Marketing und Vertrieb

a) Wettbewerbs- bzw. Markteintrittsstrategie

Mit diesem Produkt wird eine sehr spezifische Gruppe auf einem bereits bestehenden Markt angesprochen. Die gewählte Nischenstrategie erfordert eine hohe segmentspezifische Konzentration und Bedienung der Kundenbedürfnisse. Innerhalb der Nische wird eine zusätzliche Differenzierungsstrategie angesetzt. Aufgrund des kleinen Markts und der exakten Zielgruppendefinition entsteht ein besseres Verständnis zwischen Anbieter und Konsument.

b) Marketing – Mix

Für das Geschäftsmodell GravityBelt© wird in Tab. 1 folgender Marketing-Mix genutzt:

Produktpolitik	**Markenname:** GravityBelt©
	Technische Eigenschaften: Expander Trainingssystem bestehend aus Polypropylengurt mit Metallösen, Tubes mit Plastikkarabiner Schlaufen für Arme und Beine.
	Produktinnovation: Kombiniertes und aufeinander abgestimmtes Trainingstool.
	Verpackung: Wasserdichter Beutel mit Zugverschluss aus Polyethylen für ein problemloses Verstauen.
	Service: 12-monate Garantie auf alle Teile; Beratung vor Ort (Firma, Verein, Krankenkassen) oder telefonisch (nach Terminabsprache); Übungskatalog; Trainer - Inhouseschulungen (aufpreispflichtig)
Kommunikationspolitik	**Absatzwerbung:** Werbung über soziale Medien, eigene Blogs und Trainingsvideos, Beiträge in Foren und Podcasts
	Öffentlichkeitsarbeit: Sponsoring von Vereinen, Kooperationen mit Krankenkassen (Schnupperkurse für die Versicherten bspw. 3 Gratiseinheiten), Vorstellung des Tools an Gesundheitstagen in Firmen;
Distributionspolitik	**Persönlicher Direktvertrieb:** persönlicher Verkauf im Studio; Verkauf auf Sportmessen; Veranstaltungen in Firmen oder für Krankenkassen.
	Direktvertrieb: Online – Shop
	Später ab bestimmter Absatzmenge
	Indirekter Vertrieb: Einstufenkanal
Preispolitik	**Preisabfolgestrategie**
	Einführungspreis = Deckungsbeitrag null
	(Phase des Kennenlernens zur Steigerung des Bekanntheitsgrades; zeitlich begrenzt abhängig der Nachfrageentwicklung)
	Später
	Preiswettbewerbsstrategie: Ziel: höchsten Preis am Markt erzielen.

2.3.3   Beschaffung-, Logistik und Produktionsplanung

Tabelle 4: Beschaffungs,- Logistik- und Produktionsplanung GravityBelt© (eigene Darstellung)

Artikel	Lieferantenbezug	Raumbezug	Objektbezug
Hüftgurt (Polypropylen Meterware)	Single Sourcing	Local Sourcing	Element Sourcing
Klemmschnalle, / Verstellschieber	Dual Sourcing	Local Sourcing	Element Sourcing
Plastikverschlüsse	Dual Sourcing	Global Sourcing	Element Sourcing
Tubes (inkl. Befestigung / Arretierung)	Single Sourcing	Local Sourcing	Modular Sourcing
Metallösen	Dual Sourcing	Global Sourcing	Element Sourcing
Verpackung (Beutel / Schnur)	Single Sourcing	Local Sourcing	Element Sourcing

Der Gurt an sich besteht größtenteils aus Polypropylen. Die zu beziehende Meterware wird von nur einem Großhändler bezogen. Um Lieferengpässe zu vermeiden, wird durch eine größere Abnahmemenge zugleich ein günstigerer Preis erzielt. Somit minimiert sich zeitgleich der Aufwand für Kommunikation und Logistik. Die Plastikverschlüsse, Klemmschnallen und Metallösen werden aufgrund der hohen Verfügbarkeit von mehreren Händlern angeboten und können aus dem Ausland bzw. international zu großen Mengen günstig bezogen werden. Die Hilfsstoffe (Garn, Kleber etc.) werden eigenverantwortlich bezogen.

Die speziellen Tubes werden aufgrund der geringen Anbieterzahl über Single und Modular Sourcing eingekauft. Die Tubes im eigenen Haus zu produzieren wäre mit zusätzlichen Kosten verbunden. Durch die Auslagerung werden Mitarbeiterzahl, benötigte Maschinen sowie die Organisation minimiert.

Die zu verarbeitenden Rohmaterialien (Polypropylen, Plastikverschlüsse, Metallösen) werden direkt an den Produktionsort (Studio) geliefert, gelagert und verarbeitet. Tubes und Verpackungen werden separat gelagert, dort zusammengesetzt und verpackt. Verschickt werden die Produkte per Abholservice eines Logistikunternehmens. Die max. Produktionskapazität der Gürtel an sich liegt bei zehn Stück pro Tag. Um Engpässe zu vermeiden soll eine Lagerstückzahl von 50 Stk. nicht unterschritten werden. Mit zunehmender Nachfrage muss diese Anzahl nach oben korrigiert werden.

2.3.4 Umsetzungsplan

Tabelle 5: Umsetzungsplan - GravityBelt© (eigene Darstellung)

Zeitplan	Ziele	Bewertung
Testphase (3 Monate)		
KW 1 - 10	Herstellung / Entwicklung eines Prototyps (Meilenstein).	
KW 10	Produktion von 50 Prototypen Zugleich min. Anforderungen Kapazitätentest (Produktion)	Min. 95% fertige Produktanzahl innerhalb 7 Werktage
KW 10 – KW 20	Drei abgeschlossene Kursprogramme mit insgesamt 30 Teilnehmern;	Ausgebuchte Kurse (10 P / Kurs); Anschließende Befragung (Kundenzufriedenheit >4) (Weiterempfehlung 80%)
KW 10 – KW 15	Selbständiges Training 15 Testpersonen: Freizeitsportler Anforderung: 2 x-mal / Woche Training	Anschließende Befragung (Kundenzufriedenheit >5) (Weiterempfehlung 80%)
KW 10 – KW 15	15 Testpersonen: Ältere Personen (50+) Anforderung: 1 x-mal / Woche Training	Anschließende Befragung (Kundenzufriedenheit >5) (Weiterempfehlung 80%) (Bedienerfreundlichkeit >4)
KW 20	Materialprüfung / Qualitätskontrolle	Mängelfreie Artikel < 5%
KW 15	Fertigstellung Onlineshop (Meilenstein)	
Finanzielle Ziele		
Umsatzrentabilität > 10%; Umsatzsteigerung min.15 + % mtl.		
Vertriebsziel		
Abverkauf der ersten 100 Stk. (Meilenstein)		
Immaterielle / Image Ziele		
Hohe Kundenzufriedenheit (Bewertung Online – Portale) min. 80%		
Zertifizierung nach §20 SGB V (Meilenstein)		
Qualitätsziele (Produktbezogen)		
Garantiefälle < 10% / Jahr		

2.3.5 Businessplan

Tabelle 6: Businessplan - GravityBelt© (eigene Darstellung)

1. langfristige Investitionen	
Einrichtungen Produktion	
Industrienähmaschine	1.500,00 €
Heißschneidegerät	250,00 €
Einrichtungen Lagersystem / Regalsystem	1.000,00 €
Einrichtungen Büroausstattung	1.000,00 €
Einrichtungen Telekomunikation	500,00 €
Einrichtungen PC / Zubehör	1.000,00 €
Shopsoftware	2.500,00 €
Gesamt EUR	**7.750,00 €**
2. mittel- und kurzfristige Investitionen	
Material- und Warenlager (Gurt)	
500 m Polypropylen	225,00 €
200 Stk Klemmschnallen	280,00 €
700 Stk Metallösen	150,00 €
200 Stk Verstellschieber	200,00 €
Material- und Warenlager (Tubes)	
100 Stk Grün (leicht)	500,00 €
100 Stk Gelb (mittel)	500,00 €
100 Stk Rot (mittelschwer)	500,00 €
Material- und Warenlager (Zubehör)	
100 Paar Fussschlaufen	900,00 €
100 Paar Handgriffe	500,00 €
250 Stk Beutel mit Label	600,00 €
Rohstoffe, Hilfs- und Betriebsstoffe	
500m Garn	20,00 €
5 l Textilkleber	100,00 €
500 Kartonagen	250,00 €
Gesamt EUR	**4.725,00 €**
3. Betriebsmittel	
Steuerberater	500,00 €
Marketing / Homepage / Logoerstellung / Visitkenkarten	4.000,00 €
Vertrieb	2.000,00 €
Instandhaltung	100,00 €
Trainingsvideos	
Fotograf / Bildbearbeitung	2.500,00 €
Druckkosten Übungskatalog DIN A6 quer (500 Stk / Seiten))	100,00 €
Gesamt EUR	**9.200,00 €**
4. Gründungskosten/ Gründungsnebenkosten	
Gewerbeanmeldung	25,00 €
Anwaltskosten GbR Vertrag	500,00 €
Gesamt EUR	**525,00 €**
5. Personalkosten	
Personalkosten Jahr 1	10.000,00 €
Gesamt EUR	**10.000,00 €**
6. Private Lebensunterhaltung	
Summe der Ausgaben für private Lebensunterhaltung	0,00 €
Gesamt EUR	**0,00 €**
Gesamter Kapitalbedarf EUR	**32.200,00 €**

Tabelle 7: Investitionsbedarf - GravityBelt© (eigene Darstellung)

Eigenmittel	EURO
Barvermögen	25.000,00 €
Sacheinlagen/Eigenleistungen (aktivierungsfähige)	5.000,00 €
Summe	**30.000,00 €**
Fremdmittel (nach Beratung durch IHK, Bank, KfW, SAB)	EURO
ERP-Gründerkredit - Startgeld	40.000,00 €
Summe	**40.000,00 €**

Ausgaben												
Materialeinkauf:	4.750,00	0,00	0,00	0,00	4.000,00	0,00	0,00	0,00	7.000,00	0,00	0,00	0,00
Roh-/Hilfsstoffe	4.750,00	0,00	0,00	0,00	4.000,00	0,00	0,00	0,00	7.000,00	0,00	0,00	0,00
Personalaufwand:	450,00	450,00	450,00	900,00	900,00	900,00	900,00	900,00	1.200,00	1.200,00	1.200,00	1.200,00
Löhne, Gehälter	450,00	450,00	450,00	900,00	900,00	900,00	900,00	900,00	900,00	900,00	900,00	900,00
Soziale Abgaben	0,00	0,00	0,00	0,00	0,00	0,00	0,00	0,00	0,00	0,00	0,00	0,00
freiwillige Leistungen	0,00	0,00	0,00	0,00	0,00	0,00	0,00	0,00	0,00	0,00	0,00	0,00
Zinsaufwand												
(Bereitstellungskosten)	85,00	85,00	85,00	85,00	85,00	85,00	85,00	85,00	85,00	85,00	85,00	85,00
sonst. betr. Aufwand:	3.100,00	550,00	550,00	650,00	670,00	700,00	730,00	750,00	750,00	750,00	800,00	680,00
Mieten (anteilismäßig)	200,00	200,00	200,00	200,00	200,00	200,00	200,00	200,00	200,00	200,00	200,00	200,00
Nebenkosten (Strom, Gas, Wasser) (anteilismäßig)	20,00	20,00	20,00	20,00	20,00	20,00	20,00	20,00	20,00	20,00	20,00	20,00
Versicherungen, Beiträge	30,00	30,00	30,00	30,00	30,00	30,00	30,00	30,00	30,00	30,00	30,00	30,00
Bürobedarf	0,00	0,00	0,00	20,00	20,00	30,00	30,00	50,00	50,00	50,00	50,00	30,00
Telefon, Fax, Internet	50,00	50,00	50,00	50,00	50,00	50,00	50,00	50,00	50,00	50,00	50,00	50,00
Porto	0,00	0,00	0,00	80,00	100,00	120,00	150,00	150,00	150,00	150,00	200,00	100,00
Werbung, Repräsentation	100,00	100,00	100,00	100,00	100,00	100,00	100,00	100,00	100,00	100,00	100,00	100,00
Werbe-und Reisekosten	50,00	100,00	100,00	100,00	100,00	100,00	100,00	100,00	100,00	100,00	100,00	100,00
Rechts-und Beratungskosten	50,00	50,00	50,00	50,00	50,00	50,00	50,00	50,00	50,00	50,00	50,00	50,00
Privatentnahmen	0,00	0,00	0,00	0,00	0,00	0,00	0,00	0,00	0,00	0,00	0,00	0,00
Faktorerstellung	2.500,00	0,00	0,00	0,00	0,00	0,00	0,00	0,00	0,00	0,00	0,00	0,00
Druck Trainingsbroschüre	100,00	0,00	0,00	0,00	0,00	0,00	0,00	0,00	0,00	0,00	0,00	0,00
Steuern auf Erträge	0,00	0,00	0,00	0,00	0,00	0,00	0,00	0,00	0,00	0,00	0,00	0,00
MwSt (19%)	0,00	0,00	0,00	0,00	0,00	0,00	0,00	0,00	0,00	0,00	0,00	0,00
Investitionen (siehe langfristige Investitionen)	7.750,00	0,00	0,00	0,00	0,00	0,00	0,00	0,00	0,00	0,00	0,00	0,00
Tigungen (1. Jahr)												
Tilgungen (Tigungsbetreff)	0,00	0,00	0,00	0,00	0,00	0,00	0,00	0,00	0,00	0,00	0,00	0,00
Auszahlungen gesamt	16.135,00	1.085,00	1.085,00	1.635,00	5.655,00	1.685,00	1.715,00	1.735,00	9.035,00	2.035,00	2.085,00	1.965,00

Tabelle 8: Ausgabenplanung - GravityBelt© (eigene Darstellung)

Werte in Euro

Werte in Euro	1	2	3	4	5	6	7	8	9	10	11	12
EINZAHLUNGEN INSGESAMT	0,00	0,00	2.070,00	2.355,00	2.635,00	2.920,00	4.450,00	4.700,00	6.200,00	6.230,00	6.730,00	4.680,00
AUSZAHLUNGEN INSGESAMT	16.135,00	1.085,00	1.085,00	1.635,00	5.655,00	1.685,00	1.712,00	1.735,00	9.035,00	2.035,00	2.085,00	1.965,00
ÜBER/UNTERD. JE PERIODE	-16.135,00	-1.085,00	985,00	720,00	-3.020,00	1.235,00	2.738,00	2.965,00	-2.835,00	4.195,00	4.645,00	2.715,00
ÜBER/UNTERD KUMULATIV	-16.135,00	-17.220,00	-16.235,00	-15.515,00	-18.535,00	-17.300,00	-14.562,00	-11.597,00	-14.432,00	-10.237,00	-5.592,00	-2.877,00
Finanzierung:												
Investitionskredit	40.000,00	0,00	0,00	0,00	0,00	0,00	0,00	0,00	0,00	0,00	0,00	0,00
LIQUIDITÄT JE PERIODE	23.865,00	-1.085,00	985,00	720,00	-3.020,00	1.235,00	2.738,00	2.965,00	-2.835,00	4.195,00	4.645,00	2.715,00
LIQUIDITÄT KUMULATIV	23.865,00	22.780,00	23.765,00	24.485,00	21.465,00	22.700,00	25.438,00	28.403,00	25.568,00	29.763,00	34.408,00	37.123,00

Tabelle 9: Liquiditätsplanung - GravityBet© (eigene Darstellung)

Für das Geschäftsmodell GravityBelt© wird eine Finanzierung von außen über Fremd-kapital angestrebt. Die Option den KFW – Unternehmerkredit in Anspruch zu nehmen erhöht gerade in der Gründungs- und Anlaufphase die Liquidität. Nach Prüfung der Bo-nität und Verifizierung durch die Hausbank wird für die Laufzeit 5 / 1 ein Zinssatz von 1,73% (1,74%)[3] festgesetzt. Für dieses Geschäftsmodell ist das erste Jahr tilgungsfrei. Es fallen lediglich 0,15% der Kredithöhe als mtl. Bereitstellungsgebühr an.

2.3.6   Chancen und Risiken

a) Chancen

Chance eins besticht durch die Neuheit bzw. den Funktionsumfang des Produktes. Den meisten Menschen ist das Training mittels Expander bekannt, wodurch eine aufwändige Aufklärungsarbeit über das Trainingsprinzip entfällt. Die bisher am Markt (Fitnesse-quipment) verfügbaren Produkte bieten lediglich Einzellösungen bzw. Facetten des Ex-pander - Widerstandstrainings an. Eine Kombination aller Elemente in einem Produkt ist bisher noch nicht verfügbar und stellt damit eine Innovation dar. Dies trifft den all-gemeinen Zustand der Gesellschaft, in der die wenigsten der Meinung sind, Zeit für ein körperliches Training zu haben. Ein multifunktionales Tool, das mit fünf Übungen das herkömmliche Körpergewichtstraining deutlich intensiviert und zugleich die Trainings-zeiten verkürzt, kann somit deutlich Punkten.

Als zweite Chance wird die Erschließung neuer Kunden anhand von Workshops / Kur-sen angesehen. Als wesentlicher Grund für die Nichtnutzung solcher Trainingstools wird oftmals die Unkenntnis über die Anzahl und Ausführung der Übungen genannt. Die angebotenen Kurse und Workshops bieten den Endverbrauchern die Option, das neuerworbene Tool unter professioneller Anleitung optimal anzuwenden. Darüber hin-aus werden die durchgeführten Übungen für das fortführende Training als Skript mit ausgehändigt bzw. verkauft. Über die bereits vorhandene Vernetzung mit Krankenkas-sen wird eine deutlich höhere Interaktion mit Unternehmen ermöglicht. Im Rahmen von BGF – Maßnahmen können diese Produkte zugleich beworben, vorgeführt und mit ein-gebunden werden.

---

[3] www.kfw.de

b) Risiken

Als deutliches Risiko wird die am Markt vorhandene Konkurrenz angesehen. Es befinden sich bereits viele Anbieter am Markt, die Substitutionsgüter anbieten. Einzelne Komponenten sind deshalb in einzelner aber nur ähnlicher (nicht gleicher) Form erhältlich. Sollte sich ein Mitbewerber entscheiden seine Produkte anzupassen, besteht die Gefahr, dass aufgrund hoher Einkaufsmargen und besseren Produktionsmöglichkeiten diese zu einem niedrigeren Verkaufspreis anbietet. Die Folgen wären Umsatzeinbußen für das eigene Unternehmen.

Durch eine Fehleinschätzung der Bedürfnisbefriedigung der jeweiligen Zielgruppe, können die Absatzmöglichkeiten des definierten Zielmarktes falsch eingeschätzt und Finanzverbindlichkeiten nicht wie geplant reduziert werden.

3 Executive Summary - GravityBelt©

Die Überalterung der Bevölkerung, Zunahme an Muskelskeletterkrankungen, der allgegenwärtige Zeitmangel Familie und Beruf in Einklang zu bringen, sowie der Wunsch nach körperlicher Leistungsfähigkeit. Diese paradoxe Kombination strebt nach einer komplexen Lösung. Der GravityBelt© erfüllt die Anforderungen an ein intensives und zeitsparendes Training, dass in den eigenen vier Wänden, im Fitnessstudio, im Büro oder in der freien Natur durchgeführt werden kann. Er fungiert als „One – Man – Show" unter den verfügbaren Trainingstools. Bisher gibt es keine vergleichbare Komplettlösung den Körper ganzheitlich zu fordern. Die Zielgruppe ist in erster Linie der Endverbraucher. Erreicht werden diese über die bereits vorhandenen Kunden des eigenen Studios, bestehende Kooperationsverträge mit Krankenkassen (AOK / BARMER) und soziale Medien. Beim indirekten Marketing werden Personaltrainer angesprochen, die ihren Kunden die Produkte anbieten können. Mittels einem speziellen Ausbildungssystem für Trainer am Gravity Belt© wird zusätzlich Umsatz generiert.

Eine repräsentative Umfrage ergab, dass 44% der Deutschen 200€ - 500€ pro Jahr für Fitnesszubehör ausgeben (Kunst, 2019). Der Wunsch das Training außerhalb des Studios zu absolvieren spiegelt sich in der Zunahme der Onlinekurse und Trainings – Apps (Umsatz / Jahr 2018 = 51,7 Mio.; Jahr 2019 = 63,6 Mio.) wider. Die Prognose für das Jahr 2020 liegt bei 72,6 Mio. und verzeichnet somit ein erneutes Plus von 9,3 Mio (Blumtritt, 2019). Auf einem wachsenden Markt streben wir ein Umsatzplus von mtl. 15% an. Die Gesamtkosten (Investitions- / Material- / Produktionskosten) belaufen sich im ersten Geschäftsjahr zur Gründung auf rund. 45.000,00€. Den Aufwendungen stehen Einnahmen in Höhe von 40.000,00 € gegenüber. In der Kostenkalkulation sind zwei

Monate Entwicklungszeit ohne Einnahmen inkludiert. Für die folgenden Geschäftsjahre wird eine kontinuierliche Jahresumsatzsteigerung, sowie eine Kostenreduzierung aufgrund von besseren Einkaufskonditionen angenommen. Ein erheblicher Teil wird durch Workshops und Trainerfortbildungen generiert. Der Vorteil hierbei liegt in der geringeren Kostenzunahme im Vergleich zur hohen Umsatzsteigerung. Die geplanten Umsätze für das 2. Geschäftsjahr belaufen sich auf 65.000,00 € und für das 3. Geschäftsjahr auf 85.000,00€.

Die Kompetenz der Beteiligten resultiert aus dem Studium zum B.A. Fitnessökonomie. Die Inhalte des Studiums umfassen betriebswirtschaftliche Faktoren wie Markanalysen, strategische Unternehmensführung und Unternehmertum. In Kombination mit der mittlerweile 15 – jährigen Erfahrung im Fitnessbereich wurden Trends wie das EMS – Training und der Funktionelle Kraftsport vor der eigentlichen Boomphase erkannt und in das eigene Portfolio eingebunden. Durch die kompakte Vernetzung mit Unternehmen und Krankenkassen kann auf ein hochwertiges Netzwerk zurückgegriffen werden.

4 Literaturverzeichnis

Blumtritt, C. (2019): https://de.statista.com/statistik/daten/studie/890996/umfrage/eservices-fitness-online-umsatz-in-deutschland/ (zuletzt aufgerufen 26.12.2019, 21:10Uhr)

Boyle, M. (2017): Functional Training – Erweiterte und komplett überarbeitete Neuausgabe. Bewegungsabläufe perfektionieren – Muskelgruppen stärken – individuelle Schwächen beheben. Riva Verlag: München

Dierig, C. (2016): Der neue Boom der Fokus-Fitness in Mikrostudios. https://www.welt.de/wirtschaft/article154087514/Der-neue-Boom-der-Fokus-Fitness-in-Mikrostudios.html (zuletzt aufgerufen am 03.12.18 um 22:17 Uhr).

DPA - https://www.handelsblatt.com/unternehmen/dienstleister/fitnessbranche-zahl-der-fitnessstudios-steigt-weiter/24120118.html?ticket=ST-39926639-UXhGfEEqK3gSVFkHdbH5-ap2 (zuletzt aufgesucht 23.12.2019, 12:45 Uhr)

KFW – Förderbank (2019): https://www.kfw-formularsammlung.de/KonditionenanzeigerINet/Konditionen Anzeiger?ProgrammNameNr=037%20047 (zuletzt aufgerufen 25.12.2019, 11:50 Uhr)

KFW – Förderbank (2019): https://www.kfw-formularsammlung.de/KonditionenanzeigerINet/Konditionen Anzeiger?ProgrammNameNr=067 (zuletzt aufgerufen 25.12.2019, 11:55 Uhr)

Kunst, A. (2019): Wie viel haben Sie in den letzten 12 Monaten insgesamt für Sport- und Fitnesszubehör ausgegeben? https://de.statista.com/statistik/daten/studie/597457/umfrage/kauf-von-sport-und-fitnesszubehoer-ausgaben/ (zuletzt aufgerufen 26.12.2019, 13:34 Uhr)

Kühn, F. (2017): Die demografische Entwicklung in Deutschland. http://www.bpb.de/politik/innenpolitik/demografischer-wandel/196911/fertilitaet-mortalitaet-migration (zuletzt aufgerufen 23.12.2019, 12:49 Uhr)

5 Abbildungs- und Tabellenverzeichnis

5.1 Abbildungsverzeichnis

5.2 Tabellenverzeichnis